Graded Chin...
HSK 1 (150 V...

果 果 不 见 了
Guo Guo Is Missing

Edmund Chua

A book from ChineseTeacher.LIVE

Contents

Your Free Gift

Thank you for buying this book. To show my appreciation, I would like to offer you a free guide on **"How to Achieve Perfect Chinese Pronunciation"**. This free guide is exclusive to our students and book readers.

The guide contains methods you can use to learn and to improve your Chinese pronunciation, so that you can sound like a native Chinese speaker. These are the methods I have used to help my students achieve great results. You also can apply these methods as you read this book to improve your Chinese reading.

Get this 100% free and exclusive guide at https://chineseteacher.live/guide

How This Book Will Help You

Many learners of Chinese spend a lot of time memorizing word lists to build up their vocabulary. They memorize each word, its meaning, its pinyin using methods such as flashcards, videos and social media posts. Some also memorize sentences. Yet, after putting in months (and sometimes years) of hard work, many learners find themselves still unable to speak and understand well in real life conversations.

The purpose of this book is to use reading and stories to help you master Chinese. Through reading, you will master new words and learn how to use these words in context. These words will eventually make their way into your real-life conversations, improving your Chinese fluency.

Reading a story is a more exciting activity than memorizing word lists. You follow the characters and the plot, and this makes it easier to learn and remember words. I encourage you to read the story aloud, because by doing so, you are telling the story to yourself. This activity will build up your confidence to speak Chinese.

Who Is This Book For?

This book is for all learners of Chinese, especially learners planning to take the HSK exams. Most of the vocabulary come from the 150 words required to pass the HSK Level 1 Exams. I have kept the use of words outside the HSK Level 1 Exam word list to the minimum.

How to Use This Book

Every sentence comes in simplified Chinese, pinyin and its English translation. Start by reading the story by paragraph, using its English translation, to understand the story.

After understanding the story, read by focusing on each Chinese word or phrase using its pinyin. Then read using the simplified Chinese characters. After you can read each word or phrase, read the entire sentence. Finally, read the story by paragraph.

Words beyond the HSK Level 1 Exam word list are listed at the end of the story to help you master additional vocabulary. Differences in how the word is used in context are explained.

Pronunciation changes to pinyin are also highlighted.

I am confident that you will find the story interesting and useful to help you improve mastery of the Chinese language.

Let's get started.

去 北 京

Qù Běi Jīng

Going to Beijing

Read by Sentences

果果今年十三岁，是一名中学生，读中学一年级。

Guǒ Guo jīn nián shí sān suì, shì yì míng zhōng xué shēng, dú zhōng xué yī nián jí.

Guo Guo is thirteen years old this year. He is a middle school student in Grade Seven.

他是美国人，住在美国。

tā shì měi guó rén, zhù zài měi guó.

He is an American living in America.

果果一家有四个人，爸爸高先生，妈妈高太太，姐姐和他。

Guǒ Guo yì jiā yǒu sì gè rén, bà ba gāo xiān sheng, mā ma gāo tài tai, jiě jie hé tā.

There are four people in the Guo Guo's family, father Mr Gao, mother Mrs Gao, sister and him.

果果很爱他的家人。

Guǒ Guo hěn ài tā de jiā rén.

Guo Guo loves his family.

果果的家人也很爱他。

Guǒ Guo de jiā rén yě hěn ài tā.

Guo Guo's family also loves him.

高先生是一名医生，在医院工作。

gāo xiān sheng shì yì míng yī shēng, zài yī yuàn gōng zuò.

Mr Gao is a doctor and works in the hospital.

他喜欢看中国电影，也喜欢学汉语。

tā xǐ huān kàn zhōng guó diàn yǐng, yě xǐ huān xué hàn yǔ.

He likes to watch Chinese movies and likes to learn Chinese.

高先生星期六不工作，在家里学汉语。

gāo xiān sheng xīng qī liù bù gōng zuò, zài jiā lǐ xué hàn yǔ.

Mr Gao does not work on Saturdays, so he learns Chinese at home.

他用电脑在网上学汉语。

tā yòng diàn nǎo zài wǎng shang xué hàn yǔ.

He uses his computer to learn Chinese online.

汉语老师是中国人，住在北京。

hàn yǔ lǎo shī shì zhōng guó rén, zhù zài běi jīng.

His Chinese teacher is a Chinese living in Beijing.

星期天上午，果果在看电视，姐姐在学习，妈妈在喝茶。

xīng qī tiān shàng wǔ, Guǒ Guo zài kàn diàn shì, jiě jie zài xué xí, mā ma zài hē chá.

On Sunday morning, Guo Guo was watching TV, his sister was studying, and his mother was drinking tea.

高先生走进来说："我要去北京看我的汉语老师，你们想和我一起去中国吗？"

gāo xiān sheng zǒu jìn lái shuō: "wǒ yào qù běi jīng kàn wǒ de hàn yǔ lǎo shī, nǐ men xiǎng hé wǒ yì qǐ qù zhōng guó ma?"

Mr Gao walked in and said, "I want to go to Beijing to visit my Chinese teacher. Do you all want to go to China with me?"

果果说："我想去，可是我不会说汉语。"

Guǒ Guo shuō: "wǒ xiǎng qù, kě shì wǒ bú huì shuō hàn yǔ."

Guo Guo said, "I would like to go, but I cannot speak Chinese."

妈妈说："是啊，我们都不会说汉语，能去北京吗？"

mā ma shuō: "shì a, wǒ men dōu bú huì shuō hàn yǔ, néng qù běi jīng ma?"

Mother said, "Yes, we cannot speak Chinese. Can we go to Beijing?"

爸爸说："没关系，你们可以说英语。

bà ba shuō: "méi guān xì, nǐ men kě yǐ shuō yīng yǔ.

Father said, "It does not matter, you may speak English.

很多北京人会说英语。

hěn duō běi jīng rén huì shuō yīng yǔ.

Many Beijingers can speak English.

我会说一些汉语。

wǒ huì shuō yì xiē hàn yǔ.

I can speak some Chinese.

北京很大，很漂亮，你们会喜欢北京的。"

běi jīng hěn dà, hěn piào liang, nǐ men huì xǐ huān běi jīng de."

Beijing is very big, and very beautiful. All of you will like Beijing."

妈妈高兴地说："太好了，我们一起去北京！"

mā ma gāo xìng de shuō: "tài hǎo le, wǒ men yì qǐ qù běi jīng!"

Mother said happily, "Great, let's go to Beijing together!"

果果和姐姐也高兴地说："去北京！
去北京！"

Guǒ Guo hé jiě jie yě gāo xìng de shuō: "qù běi
jīng! qù běi jīng!"

**Guo Guo and his sister also said happily,
"Let's go Beijing! Let's go Beijing!"**

去北京前，爸爸买了一些吃的东西给
他的汉语老师。

qù běi jīng qián, bà ba mǎi le yì xiē chī de dōng
xi gěi tā de hàn yǔ lǎo shī.

**Before going to Beijing, father bought some
food for his Chinese teacher.**

妈妈听说北京很冷，买了很多衣服。

mā ma tīng shuō běi jīng hěn lěng, mǎi le hěn duō
yī fu.

**Mother heard that Beijing is very cold, so she
bought a lot of clothing.**

11

果果和姐姐在网上学了一些汉字，也学会了用汉语说"你好"，"谢谢"和 "再见"。

Guǒ Guo hé jiě jie zài wǎng shang xué le yì xiē hàn zì, yě xué huì le yòng hàn yǔ shuō "nǐ hǎo", "xiè xie" hé "zài jiàn".

Guo Guo and his sister learnt some Chinese characters online, they also learnt to say "hello", "thank you" and "goodbye" in Chinese.

三个星期后，是去北京的时候了。

sān gè xīng qī hòu, shì qù běi jīng de shí hòu le.

Three weeks later, it is time to go to Beijing.

果果一家乘飞机去北京。

Guǒ Guo yì jiā chéng fēi jī qù běi jīng.

Guo Guo and his family took a plane to Beijing.

在飞机上，果果高兴地说："中国，
我来了！北京，我来了！"

zài fēi jī shang, Guǒ Guo gāo xìng de shuō:
"zhōng guó, wǒ lái le! běi jīng, wǒ lái le!"

**On the plane, Guo Guo happily said, "China,
I am coming! Beijing, I am coming!"**

Vocabulary and Learning Points

年级 nián jí	Grade.
美国 měi guó	United States of America.
网上 wǎng shang	Online, on the Internet.
走 zǒu	To walk.
走进来 zǒu jìn lái	To walk in.
要 yào	Want to.
可是 kě shì	However, but.

啊 a	An exclamation like "ah".
可以 kě yǐ	May (do something).
英语 yīng yǔ	English language.
地 de	When 地 is used before a verb, it is similar to adding the suffix "ly" to the adjective. In the story, 高兴 means "happy", and 高兴地 means "happily".
给 gěi	To give (something).
也 yě	Also.
用 yòng	To use.
乘飞机 chéng fēi jī	To board an aircraft.

Pronunciation Changes

一名 yì míng	Do not pronounce as yī míng.
一家 yì jiā	Do not pronounce as yī jiā.

一起 yì qǐ	Do not pronounce as yī qǐ.
一些 yì xiē	Do not pronounce as yī xiē.
不会 bú huì	Do not pronounce as bù huì.

Read by Paragraph

果果今年十三岁，是一名中学生，读中学一年级。他是美国人，住在美国。

Guǒ Guo jīn nián shí sān suì, shì yì míng zhōng xué shēng, dú zhōng xué yī nián jí. tā shì měi guó rén, zhù zài měi guó.

果果一家有四个人，爸爸高先生，妈妈高太太，姐姐和他。果果很爱他的家人。果果的家人也很爱他。

Guǒ Guo yì jiā yǒu sì gè rén, bà ba gāo xiān sheng, mā ma gāo tài tai, jiě jie hé tā. Guǒ Guo hěn ài tā de jiā rén. Guǒ Guo de jiā rén yě hěn ài tā.

高先生是一名医生，在医院工作。
他喜欢看中国电影，也喜欢学汉语。
高先生星期六不工作，在家里学汉语。
他用电脑在网上学汉语。汉语老师是
中国人，住在北京。

gāo xiān sheng shì yì míng yī shēng, zài
yī yuàn gōng zuò. tā xǐ huān kàn zhōng guó diàn
yǐng, yě xǐ huān xué hàn yǔ. gāo xiān sheng xīng
qī liù bù gōng zuò, zài jiā lǐ xué hàn yǔ. tā yòng
diàn nǎo zài wǎng shang xué hàn yǔ. hàn yǔ lǎo
shī shì zhōng guó rén, zhù zài běi jīng.

星期天上午，果果在看电视，姐
姐在学习，妈妈在喝茶。高先生走进
来说："我要去北京看我的汉语老师，
你们想和我一起去中国吗？"

xīng qī tiān shàng wǔ, Guǒ Guo zài kàn
diàn shì, jiě jie zài xué xí, mā ma zài hē chá. gāo
xiān sheng zǒu jìn lái shuō: "wǒ yào qù běi jīng
kàn wǒ de hàn yǔ lǎo shī, nǐ men xiǎng hé wǒ yì
qǐ qù zhōng guó ma?"

果果说："我想去，可是我不会
说汉语。"

Guǒ Guo shuō: "wǒ xiǎng qù, kě shì wǒ bú huì shuō hàn yǔ."

妈妈说："是啊，我们都不会说汉语，能去北京吗？"

mā ma shuō: "shì a, wǒ men dōu bú huì shuō hàn yǔ, néng qù běi jīng ma?"

爸爸说："没关系，你们可以说英语。很多北京人会说英语。我会说一些汉语。北京很大，很漂亮，你们会喜欢北京的。"

bà ba shuō: "méi guān xì, nǐ men kě yǐ shuō yīng yǔ. hěn duō běi jīng rén huì shuō yīng yǔ. wǒ huì shuō yì xiē hàn yǔ. běi jīng hěn dà, hěn piào liang, nǐ men huì xǐ huān běi jīng de."

妈妈高兴地说："太好了，我们一起去北京！"

mā ma gāo xìng de shuō: "tài hǎo le, wǒ men yì qǐ qù běi jīng!"

果果和姐姐也高兴地说："去北京！去北京！"

Guǒ Guo hé jiě jie yě gāo xìng de shuō: "qù běi jīng! qù běi jīng!"

去北京前，爸爸买了一些吃的东西给他的汉语老师。妈妈听说北京很冷，买了很多衣服。果果和姐姐在网上学了一些汉字，也学会了用汉语说"你好"，"谢谢" 和 "再见"。

qù běi jīng qián, bà ba mǎi le yì xiē chī de dōng xi gěi tā de hàn yǔ lǎo shī. mā ma tīng shuō běi jīng hěn lěng, mǎi le hěn duō yī fu. Guǒ Guo hé jiě jie zài wǎng shang xué le yì xiē hàn zì, yě xué huì le yòng hàn yǔ shuō "nǐ hǎo", "xiè xie" hé "zài jiàn".

三个星期后，是去北京的时候了。果果一家乘飞机去北京。在飞机上，果果高兴地说："中国，我来了！北京，我来了！"

sān gè xīng qī hòu, shì qù běi jīng de shí hòu le. Guǒ Guo yì jiā chéng fēi jī qù běi jīng. zài fēi jī shang, Guǒ Guo gāo xìng de shuō: "zhōng guó, wǒ lái le! běi jīng, wǒ lái le!"

Story in English

Guo Guo is thirteen years old this year. He is a middle school student in Grade Seven. He is an American living in America.

There are four people in the Guo Guo's family, father Mr Gao, mother Mrs Gao, sister and him. Guo Guo loves his family. Guo Guo's family also loves him.

Mr Gao is a doctor and works in the hospital. He likes to watch Chinese movies and likes to learn Chinese. Mr Gao does not work on Saturdays, so he learns Chinese at home. He uses his computer to learn Chinese online. His Chinese teacher is a Chinese living in Beijing.

On Sunday morning, Guo Guo was watching TV, his sister was studying, and his mother was drinking tea. Mr Gao walked in and said, "I want to go to Beijing to visit my Chinese teacher. Do you all want to go to China with me?"

Guo Guo said, "I would like to go, but I cannot speak Chinese."

Mother said, "Yes, we cannot speak Chinese. Can we go to Beijing?"

Father said, "It does not matter, you may speak English. Many Beijingers can speak English. I can speak some Chinese. Beijing is very big, and very beautiful. All of you will like Beijing."

Mother said happily, "Great, let's go to Beijing together!"

Guo Guo and his sister also said happily, "Let's go Beijing! Let's go Beijing!"

Before going to Beijing, father bought some food for his Chinese teacher. Mother heard that Beijing is very cold, so she bought a lot of clothing. Guo Guo and his sister learnt some Chinese characters online, they also learnt to say "hello", "thank you" and "goodbye" in Chinese.

Three weeks later, it is time to go to Beijing. Guo Guo and his family took a plane to Beijing. On the plane, Guo Guo happily said, "China, I am coming! Beijing, I am coming!"

果 果 在 哪 儿 ？

Guǒ Guo Zài Nǎ Er ?

Where is Guo Guo ?

Read by Sentences

钟小天是高先生的汉语老师。

Zhōng Xiǎo Tiān shì gāo xiān sheng de hàn yǔ lǎo shī.

Zhong Xiao Tian is Mr Gao's Chinese teacher.

听说高先生一家要来北京看他，钟小天很高兴。

tīng shuō gāo xiān sheng yì jiā yào lái běi jīng kàn tā, Zhōng Xiǎo Tiān hěn gāo xìng.

When he heard that Mr Gao and his family are coming to Beijing to visit him, Zhong Xiao Tian was very happy.

他请高先生一家到他家吃午饭。

tā qǐng gāo xiān sheng yì jiā dào tā jiā chī wǔ fàn.

He invited Mr Gao and his family to his house for lunch.

钟小天做了很多菜，还买了一些北京小吃。

Zhōng Xiǎo Tiān zuò le hěn duō cài, hái mǎi le yì xiē běi jīng xiǎo chī.

Zhong Xiao Tian cooked a lot of dishes and bought some Beijing snacks.

钟小天做的很多菜，果果在美国的中国饭馆里都没见过，也没吃过。

Zhōng Xiǎo Tiān zuò de hěn duō cài, Guǒ Guo zài měi guó de zhōng guó fàn guǎn lǐ dōu méi jiàn guò, yě méi chī guò.

Guo Guo has never seen or eaten many of the dishes that Zhong Xiao Tian cooked in the Chinese restaurants in America.

果果说："钟老师，这些是什么菜？"

Guǒ Guo shuō: "zhōng lǎo shī, zhè xiē shì shén me cài?"

Guo Guo said, "Mr Zhong, what are these food?"

姐姐也说："钟老师，这些菜是中国菜吗？"

jiě jie yě shuō: "zhōng lǎo shī, zhè xiē cài shì zhōng guó cài ma?"

Guo Guo's sister also said, "Mr Zhong, are these Chinese food?"

钟小天说："是啊，这些菜是中国菜。

Zhōng Xiǎo Tiān shuō: "shì a, zhè xiē cài shì zhōng guó cài.

Zhong Xiao Tian said, "Yes, these are Chinese food.

我做的是北京菜。"

wǒ zuò de shì běi jīng cài."

I cooked Beijing cuisine."

高先生、高太太、姐姐和果果都喜欢吃钟小天做的北京菜。

gāo xiān sheng, gāo tài tai, jiě jie hé Guǒ Guo dōu xǐ huān chī Zhōng Xiǎo Tiān zuò de běi jīng cài.

Mr Gao, Mrs Gao, Guo Guo's sister and Guo Guo enjoyed eating the Beijing cusine that Zhong Xiao Tian cooked.

他们也喜欢吃钟小天买的北京小吃。

tā men yě xǐ huān chī Zhōng Xiǎo Tiān mǎi de běi jīng xiǎo chī.

They also enjoyed eating the Beijing snacks that Zhong Xiao Tian bought.

果果吃了很多，他说："北京菜太好吃了！北京的小吃太好吃了！"

Guǒ Guǒ chī le hěn duō, tā shuō: "běi jīng cài tài hào chī le! Běi jīng de xiǎo chī tài hào chī le!"

Guo Guo ate a lot. He said, "Beijing food is so delicious! Beijing snacks are so delicious!"

吃了午饭，果果一家去逛商店。

chī le wǔ fàn, Guǒ Guo yì jiā qù guàng shāng diàn.

After lunch, Guo Guo and his family went shopping.

钟小天家后面有很多商店。

Zhōng Xiǎo Tiān jiā hòu miàn yǒu hěn duō shāng diàn.

There are many shops behind Zhong Xiao Tian's house.

商店里有小飞机、小车子、小火车、小桌子和小椅子。

shāng diàn lǐ yǒu xiǎo fēi jī, xiǎo chē zi, xiǎo huǒ chē, xiǎo zhuō zi hé xiǎo yǐ zi.

There are small planes, small cars, small trains, small tables and small chairs in the shops.

果果很喜欢商店里的东西，看到什么都想买，可是爸爸妈妈不想给他买。

Guǒ Guo hěn xǐ huān shāng diàn lǐ de dōng xī, kàn dào shén me dōu xiǎng mǎi, kě shì bà ba mā ma bù xiǎng gěi tā mǎi.

Guo Guo liked the things in the shops very much and wanted to buy everything he saw. However, father and mother did not want to buy for Guo Guo.

逛商店时，果果走得很快，走在大家的前面。

guàng shāng diàn shí, Guǒ Guo zǒu de hěn kuài, zǒu zài dà jiā de qián miàn.

While visiting the shops, Guo Guo walked very fast and walked in front of everyone.

高先生和高太太在后面说："果果，你走得太快了！"

gāo xiān sheng hé gāo tài tai zài hòu miàn shuō: "Guǒ Guo, nǐ zǒu de tài kuài le!"

From behind, Mr Gao and Mrs Gao said, "Guo Guo, you are walking too fast！"

可是果果不听，他还是走得很快，还是走在大家的前面。

kě shì Guǒ Guo bù tīng, tā hái shì zǒu de hěn kuài, hái shì zǒu zài dà jiā de qián miàn.

However, Guo Guo did not listen. He continued walking very fast, walking in front of everyone.

这时，果果看见一家小商店，小店里有很多小杯子。

zhè shí, Guǒ Guo kàn jiàn yì jiā xiǎo shāng diàn, xiǎo diàn lǐ yǒu hěn duō xiǎo bēi zi.

At this time, Guo Guo saw a small shop. There were many small cups in the shop.

他很快地向小商店走去，想看看那些小杯子。

tā hěn kuài de xiàng xiǎo shāng diàn zǒu qù, xiǎng kàn kan nà xiē xiǎo bēi zi.

He quickly walked towards the small shop, as he wanted to see those small cups.

高先生和高太太在他后面说："果果，这里人很多，不要走得太快，快回来！"

gāo xiān sheng hé gāo tài tai zài tā hòu miàn shuō: "Guǒ Guo, zhè lǐ rén hěn duō, bú yào zǒu de tài kuài, kuài huí lái!"

Mr and Mrs Gao said from behind, "Guo Guo, there are a lot of people here. Do not walk too fast, come back quickly!"

果果不听，他没走回去，他还是很快
地向小店走去，走进了小店。

Guǒ Guo bù tīng, tā méi zǒu huí qù, tā hái shì hěn
kuài de xiàng xiǎo diàn zǒu qù, zǒu jìn le xiǎo
diàn.

**Guo Guo did not listen. He did not go back.
He continued walking very fast towards the
shop. He walked into the shop.**

小杯子很漂亮，果果很喜欢，想要爸
爸妈妈给他买一个。

xiǎo bēi zi hěn piào liang, Guǒ Guo hěn xǐ huān,
xiǎng yào bà ba mā mā gěi tā mǎi yí gè.

**The small cups were very beautiful, Guo Guo
liked them very much, and wanted his parents
to buy him one.**

他看了看后面，爸爸妈妈不在后面。

tā kàn le kàn hòu miàn, bà ba mā mā bú zài hòu
miàn.

**He looked behind and his parents were not
there.**

他看了看前面，爸爸妈妈也不在前面。

tā kàn le kàn qián miàn, bà ba mā mā yě bú zài qián miàn.

He looked in front, and his parents were also not there.

他走出小店看看，爸爸妈妈也不在这里。

tā zǒu chū xiǎo diàn kàn kan, bà ba mā mā yě bú zài zhè lǐ.

He walked out of the shop to check, and his parents were also not here.

天啊！爸爸妈妈在哪儿？

tiān a! bà ba mā ma zài nǎr?

Oh dear! Where is father and mother?

他们不是在后面吗？

tā men bú shì zài hòu miàn ma?

Were they not behind?

30

爸爸妈妈怎么不见了？

bà ba mā ma zěn me bú jiàn le?

How did father and mother disappear?

高先生、高太太和姐姐走在果果后面。

gāo xiān sheng, gāo tài tai hé jiě jie zǒu zài Guǒ Guo hòu miàn.

Mr Gao, Mrs Gao and Guo Guo's sister walked behind Guo Guo.

人很多，果果在前面走得很快。

rén hěn duō, Guǒ Guo zài qián miàn zǒu de hěn kuài.

There were many people, and Guo Guo walked very fast in front of them.

走啊走啊，突然，果果不在前面了！

zǒu a zǒu a, tū rán, Guǒ Guo bú zài qián miàn le!

They kept on walking. Suddenly, Guo Guo is no longer in front!

高先生很快地走到前面，可是果果不
在前面。

gāo xiān sheng hěn kuài de zǒu dào qián miàn, kě
shì Guǒ Guo bú zài qián miàn.

**Mr Gao quickly walked to the front, but Guo
Guo was not in front of them.**

高太太看了看后面，果果也不在后面。

gāo tài tai kàn le kàn hòu miàn, Guǒ Guo yě bú
zài hòu miàn.

**Mrs Guo looked behind, and Guo Guo was not
behind.**

姐姐说："果果怎么不见了？"

jiě jie shuō: "Guǒ Guo zěn me bú jiàn le?"

**Guo Guo's sister said, "How did Guo Guo
disappear?"**

高先生打电话给钟小天，他说："果果不见了！"

gāo xiān sheng dǎ diàn huà gěi Zhōng Xiǎo Tiān, tā shuō: "Guǒ Guo bú jiàn le!"

Mr Gao phoned Zhong Xiao Tian. He said, "Guo Guo is missing!"

Vocabulary and Learning Points

到 dào	To go to.
还 hái	Also.
还是 hái shì	Continue to (do something).
过 guò	When 过 is added after a verb, it means that the action of the verb has happened.
见过 jiàn guò	Seen.
吃过 chī guò	Eaten.
看到 kàn dào	Saw, seen.

33

逛 guàng	To visit (shops).
逛商店 guàng shāng diàn	To visit shops, to go shopping.
走 zǒu	To walk.
走得快 zǒu dé kuài	To walk fast.
向 xiàng	Towards.
那 nà	Those.
出 chū	To come out.
突然 tū rán	Suddenly.

Pronunciation Changes

不要 bú yào	Do not pronounce as bù yào.
一个 yí gè	Do not pronounce as yī gè.
不在 bú zài	Do not pronounce as bù zài.

不是 bú shì	Do not pronounce as bù shì.
不见 bú jiàn	Do not pronounce as bù jiàn.

Read by Paragraph

钟小天是高先生的汉语老师。听说高先生一家要来北京看他，钟小天很高兴。他请高先生一家到他家吃午饭。

Zhōng Xiǎo Tiān shì gāo xiān sheng de hàn yǔ lǎo shī. tīng shuō gāo xiān sheng yì jiā yào lái běi jīng kàn tā, Zhōng Xiǎo Tiān hěn gāo xìng. tā qǐng gāo xiān sheng yì jiā dào tā jiā chī wǔ fàn.

钟小天做了很多菜，还买了一些北京小吃。钟小天做的很多菜，果果在美国的中国饭馆里都没见过，也没吃过。果果说："钟老师，这些是什么菜？"

Zhōng Xiǎo Tiān zuò le hěn duō cài, hái mǎi le yì xiē běi jīng xiǎo chī. Zhōng Xiǎo Tiān zuò de hěn duō cài, Guǒ Guo zài měi guó de

35

zhōng guó fàn guǎn lǐ dōu méi jiàn guò, yě méi chī guò. Guǒ Guo shuō: "zhōng lǎo shī, zhè xiē shì shén me cài?"

姐姐也说："钟老师，这些菜是中国菜吗？"

jiě jie yě shuō: "zhōng lǎo shī, zhè xiē cài shì zhōng guó cài ma?"

钟小天说："是啊，这些菜是中国菜。我做的是北京菜。"

Zhōng Xiǎo Tiān shuō: "shì a, zhè xiē cài shì zhōng guó cài. wǒ zuò de shì běi jīng cài."

高先生、高太太、姐姐和果果都喜欢吃钟小天做的北京菜。他们也喜欢吃钟小天买的北京小吃。果果吃了很多，他说："北京菜太好吃了！北京的小吃太好吃了！"

gāo xiān sheng, gāo tài tai, jiě jie hé Guǒ Guo dōu xǐ huān chī Zhōng Xiǎo Tiān zuò de běi jīng cài. tā men yě xǐ huān chī Zhōng Xiǎo Tiān mǎi de běi jīng xiǎo chī. Guǒ Guǒ chī le hěn duō, tā shuō: "běi jīng cài tài hào chī le! Běi jīng de xiǎo chī tài hào chī le!"

吃了午饭，果果一家去逛商店。钟小天家后面有很多商店。商店里有小飞机、小车子、小火车、小桌子和小椅子。果果很喜欢商店里的东西，看到什么都想买，可是爸爸妈妈不想给他买。

chī le wǔ fàn, Guǒ Guo yì jiā qù guàng shāng diàn. Zhōng Xiǎo Tiān jiā hòu miàn yǒu hěn duō shāng diàn. shāng diàn lǐ yǒu xiǎo fēi jī, xiǎo chē zi, xiǎo huǒ chē, xiǎo zhuō zi hé xiǎo yǐ zi. Guǒ Guo hěn xǐ huān shāng diàn lǐ de dōng xī, kàn dào shén me dōu xiǎng mǎi, kě shì bà ba mā ma bù xiǎng gěi tā mǎi.

逛商店时，果果走得很快，走在大家的前面。高先生和高太太在后面说："果果，你走得太快了！"

guàng shāng diàn shí, Guǒ Guo zǒu de hěn kuài, zǒu zài dà jiā de qián miàn. gāo xiān sheng hé gāo tài tai zài hòu miàn shuō: "Guǒ Guo, nǐ zǒu de tài kuài le!"

可是果果不听，他还是走得很快，
还是走在大家的前面。

　　kě shì Guǒ Guo bù tīng, tā hái shì zǒu de
hěn kuài, hái shì zǒu zài dà jiā de qián miàn.

　　这时，果果看见一家小商店，小
店里有很多小杯子。他很快地向小商
店走去，想看看那些小杯子。高先生
和高太太在他后面说：“果果，这里
人很多，不要走得太快，快回来！”

　　zhè shí, Guǒ Guo kàn jiàn yì jiā xiǎo
shāng diàn, xiǎo diàn lǐ yǒu hěn duō xiǎo bēi zi.
tā hěn kuài de xiàng xiǎo shāng diàn zǒu qù,
xiǎng kàn kan nà xiē xiǎo bēi zi. gāo xiān sheng
hé gāo tài tai zài tā hòu miàn shuō: "Guǒ Guo,
zhè lǐ rén hěn duō, bú yào zǒu de tài kuài, kuài
huí lái!"

　　果果不听，他没走回去，他还是
很快地向小店走去，走进了小店。

　　Guǒ Guo bù tīng, tā méi zǒu huí qù, tā hái
shì hěn kuài de xiàng xiǎo diàn zǒu qù, zǒu jìn le
xiǎo diàn.

小杯子很漂亮，果果很喜欢，想要爸爸妈妈给他买一个。他看了看后面，爸爸妈妈不在后面。他看了看前面，爸爸妈妈也不在前面。他走出小店看看，爸爸妈妈也不在这里。天啊！爸爸妈妈在哪儿？他们不是在后面吗？爸爸妈妈怎么不见了？

xiǎo bēi zi hěn piào liang, Guǒ Guo hěn xǐ huān, xiǎng yào bà ba mā mā gěi tā mǎi yí gè. tā kàn le kàn hòu miàn, bà ba mā mā bú zài hòu miàn. tā kàn le kàn qián miàn, bà ba mā mā yě bú zài qián miàn. tā zǒu chū xiǎo diàn kàn kan, bà ba mā mā yě bú zài zhè lǐ. tiān a! bà ba mā ma zài nǎr? tā men bú shì zài hòu miàn ma? bà ba mā ma zěn me bú jiàn le?

高先生、高太太和姐姐走在果果后面。人很多，果果在前面走得很快。走啊走啊，突然，果果不在前面了！

gāo xiān sheng, gāo tài tai hé jiě jie zǒu zài Guǒ Guo hòu miàn. rén hěn duō, Guǒ Guo zài qián miàn zǒu de hěn kuài. zǒu a zǒu a, tū rán, Guǒ Guo bú zài qián miàn le!

高先生很快地走到前面，可是果
果不在前面。高太太看了看后面，果
果也不在后面。姐姐说："果果怎么
不见了？"

gāo xiān sheng hěn kuài de zǒu dào qián
miàn, kě shì Guǒ Guo bú zài qián miàn. gāo tài
tai kàn le kàn hòu miàn, Guǒ Guo yě bú zài hòu
miàn. jiě jie shuō: "Guǒ Guo zěn me bú jiàn le?"

高先生打电话给钟小天，他说：
"果果不见了！"

gāo xiān sheng dǎ diàn huà gěi Zhōng
Xiǎo Tiān, tā shuō: "Guǒ Guo bú jiàn le!"

Story in English

Zhong Xiao Tian is Mr Gao's Chinese
teacher. When he heard that Mr Gao and his
family are coming to Beijing to visit him, Zhong
Xiao Tian was very happy. He invited Mr Gao
and his family to his house for lunch.

Zhong Xiao Tian cooked a lot of dishes
and bought some Beijing snacks. Guo Guo has
never seen or eaten many of the dishes that Zhong

Xiao Tian cooked in the Chinese restaurants in America. Guo Guo said, "Mr Zhong, what are these food?"

Guo Guo's sister also said, "Mr Zhong, are these Chinese food?"

Zhong Xiao Tian said, "Yes, these are Chinese food. I cooked Beijing cuisine."

Mr Gao, Mrs Gao, Guo Guo's sister and Guo Guo enjoyed eating the Beijing cusine that Zhong Xiao Tian cooked. They also enjoyed eating the Beijing snacks that Zhong Xiao Tian bought. Guo Guo ate a lot. He said, "Beijing food is so delicious! Beijing snacks are so delicious!"

After lunch, Guo Guo and his family went shopping. There are many shops behind Zhong Xiao Tian's house. There are small planes, small cars, small trains, small tables and small chairs in the shops. Guo Guo liked the things in the shops very much and wanted to buy everything he saw. However, father and mother did not want to buy for Guo Guo.

While visiting the shops, Guo Guo walked very fast and walked in front of everyone.

From behind, Mr Gao and Mrs Gao said, "Guo Guo, you are walking too fast! "

However, Guo Guo did not listen. He continued walking very fast, walking in front of everyone.

At this time, Guo Guo saw a small shop. There were many small cups in the shop. He quickly walked towards the small shop, as he wanted to see those small cups. Mr and Mrs Gao said from behind, "Guo Guo, there are a lot of people here. Do not walk too fast, come back quickly!"

Guo Guo did not listen. He did not go back. He continued walking very fast towards the shop. He walked into the shop.

The small cups were very beautiful, Guo Guo liked them very much, and wanted his parents to buy him one. He looked behind and his parents were not there. He looked in front, and his parents were also not there. He walked out of the shop to check, and his parents were also not here. Oh dear! Where is father and mother? Were they not behind? How did father and mother disappear?

Mr Gao, Mrs Gao and Guo Guo's sister walked behind Guo Guo. There were many people, and Guo Guo walked very fast in front of them. They kept on walking. Suddenly, Guo Guo is no longer in front!

Mr Gao quickly walked to the front, but Guo Guo was not in front of them. Mrs Guo looked behind, and Guo Guo was not behind. Guo Guo's sister said, "How did Guo Guo disappear?"

Mr Gao phoned Zhong Xiao Tian. He said, "Guo Guo is missing!"

果 果 回 来 了

Guǒ Guo Huí Lái Le

Guo Guo Is Back

Read by Sentences

果果走回刚才逛过的那些商店，可是
爸爸妈妈不在那儿。

Guǒ Guo zǒu huí gāng cái guàng guò de nà xiē
shāng diàn, kě shì bà ba mā ma bú zài nàr.

**Guo Guo walked back to the shops that he
visited just now, but his father and mother
were not there.**

44

他一边走，一边叫："爸爸，你在哪
儿？妈妈，你在哪儿？"

tā yì biān zǒu, yì biān jiào: "bà ba, nǐ zài nǎr? mā
ma, nǐ zài nǎr?"

**As he walked, he shouted, "Dad, where are
you? Mom, where are you?"**

走着走着，他想喝水，可是他没有钱，
不能买水。

zǒu zhe zǒu zhe, tā xiǎng hē shuǐ, kě shì tā méi
yǒu qián, bù néng mǎi shuǐ.

**As Guo Guo kept walking, he wanted to drink
water. However, he had no money and could
not buy water.**

他想吃东西，可是他没有钱，不能买
吃的。

tā xiǎng chī dōng xi, kě shì tā méi yǒu qián, bù
néng mǎi chī de.

**He wanted to eat, but he had no money so
could not buy anything to eat.**

这时，钟小天和高先生一家在找果果。

zhè shí, Zhōng Xiǎo Tiān hé gāo xiān sheng yì jiā zài zhǎo Guǒ Guo.

At this time, Zhong Xiao Tian and Mr Gao's family were searching for Guo Guo.

他们走进商店问："你有看见一个美国小朋友吗？"

tā men zǒu jìn shāng diàn wèn: "nǐ yǒu kàn jiàn yí gè měi guó xiǎo péng you ma?"

They walked into the shops and asked, "Did you see an American child?"

商店里的人都说："没有。"

shāng diàn lǐ de rén dōu shuō: "méi yǒu."

The people in the shops said, "No."

钟小天说："我们在找一个美国小朋友。

Zhōng Xiǎo Tiān shuō: "wǒ men zài zhǎo yí gè měi guó xiǎo péng you.

Zhong Xiao Tian said, "We are looking for an American child.

你看见了，请给我打个电话。"

nǐ kàn jiàn le, qǐng gěi wǒ dǎ gè diàn huà."

If you see one, please call me."

商店里的人都说："好！"

shāng diàn lǐ de rén dōu shuō: "hǎo!"

The people in the shops said, "Alright!"

果果走了一个小时三十分钟，还是没看到爸爸妈妈。

Guǒ Guo zǒu le yí gè xiǎo shí sān shí fēn zhōng, hái shì méi kàn dào bà ba mā ma.

Guo Guo walked for an hour and thirty minutes, and still did not see his father and mother.

这时，他看见前面有一间派出所。

zhè shí, tā kàn jiàn qián miàn yǒu yì jiān pài chū suǒ.

Then, he saw a police station in front.

果果走进派出所，他用汉语对警察说："你好！"

Guǒ Guo zǒu jìn pài chū suǒ, tā yòng hàn yǔ duì jǐng chá shuō: "nǐ hǎo!"

Guo Guo walked into the police station. He said to the policeman in Chinese, "Hello!"

派出所里的警察说："小朋友，你好！

pài chū suǒ lǐ de jǐng chá shuō: "xiǎo péng you, nǐ hǎo!

The policeman in the police station said, "Hello, young man!

你会说汉语？太好了！"

nǐ huì shuō hàn yǔ? tài hǎo le!"

You can speak Chinese? Excellent!"

可是果果不会说汉语，他只会用汉语
说"你好"。

kě shì Guǒ Guo bú huì shuō hàn yǔ, tā zhǐ huì
yòng hàn yǔ shuō "nǐ hǎo".

**However, Guo Guo do not know how to speak
Chinese. He only knows how to say "hello"
using Chinese.**

他用英语对警察说："你能说英语
吗？"

tā yòng yīng yǔ duì jǐng chá shuō: "nǐ néng shuō
yīng yǔ ma?"

**He used English to speak to the policeman,
"Can you speak English?"**

警察用英语说："我会说一些英语。"

jǐng chá yòng yīng yǔ shuō: "wǒ huì shuō yì xiē
yīng yǔ."

**The policeman used English and said, "I can
speak a little English."**

果果高兴地说："我的爸爸妈妈不见
了！

Guǒ Guo gāo xìng de shuō: "wǒ de bà ba mā ma
bú jiàn le!

**Guo Guo said happily, "My father and mother
are missing!**

他们刚才还走在我后面，可是我走进
商店后，他们突然不在我后面了。

tā men gāng cái hái zǒu zài wǒ hòu miàn, kě shì
wǒ zǒu jìn shāng diàn hòu, tā men tū rán bú zài
wǒ hòu miàn le.

**They were still walking behind me just now.
However, after I walked into a shop, they
suddenly were no longer behind me.**

爸爸妈妈不见了！"

bà ba mā ma bú jiàn le!"

My father and mother had disappeared!"

警察说："小朋友，你是哪的人？

jǐng chá shuō: "xiǎo péng you, nǐ shì nǎ de rén?

The policeman said: "Young man, where are you from?

你有爸爸的电话吗？

nǐ yǒu bà ba de diàn huà ma?

Do you have your father's phone number?

我可以给他打个电话。"

wǒ kě yǐ gěi tā dǎ gè diàn huà."

I can give him a call."

钟小天和高先生一家走啊走啊，还是没看见果果。

Zhōng Xiǎo Tiān hé gāo xiān sheng yì jiā zǒu a zǒu a, hái shì méi kàn jiàn Guǒ Guo.

Zhong Xiao Tian and Mr Gao's family walked and walked. However, they still did not see Guo Guo.

这时，高先生的电话突然响了！

zhè shí, gāo xiān sheng de diàn huà tū rán xiǎng le!

Then, Mr Gao's phone suddenly rang!

电话里的人说："喂，是高先生吗？"

diàn huà lǐ de rén shuō: "wèi, shì gāo xiān sheng ma?"

The person in the phone said, "Hello, are you Mr Gao?"

高先生说："我是。"

gāo xiān sheng shuō: "wǒ shì."

Mr Gao said, "I am."

电话里的人说："太好了，我是警察。

diàn huà lǐ de rén shuō: "tài hǎo le, wǒ shì jǐng chá.

The person in the phone said, "Excellent, I am a policeman.

你儿子果果在派出所。

nǐ ér zi Guǒ Guo zài pài chū suǒ.

Your son, Guo Guo, is at the police station.

他在找你们。

tā zài zhǎo nǐ men.

He is looking for all of you.

你们快过来！"

nǐ men kuài guò lái!"

Come over quickly!"

高先生一家走进派出所，看见果果在
吃苹果，喝热茶。

gāo xiān sheng yì jiā zǒu jìn pài chū suǒ, kàn jiàn
Guǒ Guo zài chī píng guǒ, hē rè chá.

**Mr Gao and his family walked into the police
station. They saw Guo Guo eating an apple
and drinking hot tea.**

他们很高兴，果果看见爸爸妈妈，也
很高兴。

tā men hěn gāo xìng, Guǒ Guo kàn jiàn bà ba mā
mā, yě hěn gāo xìng.

They were very happy. Guo guo was also very
happy to see his father and mother.

姐姐说："果果回来了！"

jiě jie shuō: "Guǒ Guo huí lái le!"

Guo Guo's sister said, "Guo Guo is back!"

Vocabulary and Learning Points

刚才 gāng cái	Just now.
边 biān	The side or edge of object. Here it means while doing something.
着 zhe	When used after a verb, it means that the action is taking place.
找 zhǎo	To look for, to search.

问 wèn	To ask.
间 jiān	Classifier for a building or a room.
派出所 pài chū suǒ	Police station.
对 duì	Towards. Here, it means towards someone.
警察 jǐng chá	Policeman.
只 zhǐ	Only.
响 xiǎng	To make a noise. Here, it means (the phone) ring.

Pronunciation Changes

一边 yì biān	Do not pronounce as yī biān.
一间 yì jiān	Do not pronounce as yī jiān.

Read by Paragraph

　　果果走回刚才逛过的那些商店，可是爸爸妈妈不在那儿。他一边走，一边叫："爸爸，你在哪儿？妈妈，你在哪儿？"

　　Guǒ Guo zǒu huí gāng cái guàng guò de nà xiē shāng diàn, kě shì bà ba mā ma bú zài nàr. tā yì biān zǒu, yì biān jiào: "bà ba, nǐ zài nǎr? mā ma, nǐ zài nǎr?"

　　走着走着，他想喝水，可是他没有钱，不能买水。他想吃东西，可是他没有钱，不能买吃的。

　　zǒu zhe zǒu zhe, tā xiǎng hē shuǐ, kě shì tā méi yǒu qián, bù néng mǎi shuǐ. tā xiǎng chī dōng xi, kě shì tā méi yǒu qián, bù néng mǎi chī de.

　　这时，钟小天和高先生一家在找果果。他们走进商店问："你有看见一个美国小朋友吗？"

　　zhè shí, Zhōng Xiǎo Tiān hé gāo xiān sheng yì jiā zài zhǎo Guǒ Guo. tā men zǒu jìn

shāng diàn wèn: "nǐ yǒu kàn jiàn yí gè měi guó
xiǎo péng you ma?"

商店里的人都说："没有。"
shāng diàn lǐ de rén dōu shuō: "méi yǒu."

钟小天说："我们在找一个美国
小朋友。你看见了，请给我打个电
话。"
Zhōng Xiǎo Tiān shuō: "wǒ men zài zhǎo
yí gè měi guó xiǎo péng you. nǐ kàn jiàn le, qǐng
gěi wǒ dǎ gè diàn huà."

商店里的人都说："好！"
shāng diàn lǐ de rén dōu shuō: "hǎo!"

果果走了一个小时三十分钟，还
是没看到爸爸妈妈。这时，他看见前
面有一间派出所。
Guǒ Guo zǒu le yí gè xiǎo shí sān shí fēn
zhōng, hái shì méi kàn dào bà ba mā ma. zhè shí,
tā kàn jiàn qián miàn yǒu yì jiān pài chū suǒ.

果果走进派出所，他用汉语对警察说："你好！"

Guǒ Guo zǒu jìn pài chū suǒ, tā yòng hàn yǔ duì jǐng chá shuō: "nǐ hǎo!"

派出所里的警察说："小朋友，你好！你会说汉语？太好了！"

pài chū suǒ lǐ de jǐng chá shuō: "xiǎo péng you, nǐ hǎo! nǐ huì shuō hàn yǔ? tài hǎo le!"

可是果果不会说汉语，他只会用汉语说"你好"。他用英语对警察说："你能说英语吗？"

kě shì Guǒ Guo bú huì shuō hàn yǔ, tā zhǐ huì yòng hàn yǔ shuō "nǐ hǎo". tā yòng yīng yǔ duì jǐng chá shuō: "nǐ néng shuō yīng yǔ ma?"

警察用英语说："我会说一些英语。"

jǐng chá yòng yīng yǔ shuō: "wǒ huì shuō yì xiē yīng yǔ."

果果高兴地说："我的爸爸妈妈不见了！他们刚才还走在我后面，可

58

是我走进商店后，他们突然不在我后面了。爸爸妈妈不见了！"

Guǒ Guo gāo xìng de shuō: "wǒ de bà ba mā ma bú jiàn le! tā men gāng cái hái zǒu zài wǒ hòu miàn, kě shì wǒ zǒu jìn shāng diàn hòu, tā men tū rán bú zài wǒ hòu miàn le. bà ba mā ma bú jiàn le!"

警察说："小朋友，你是哪的人？你有爸爸的电话吗？我可以给他打个电话。"

jǐng chá shuō: "xiǎo péng you, nǐ shì nǎ de rén? nǐ yǒu bà ba de diàn huà ma? wǒ kě yǐ gěi tā dǎ gè diàn huà."

钟小天和高先生一家走啊走啊，还是没看见果果。这时，高先生的电话突然响了！

Zhōng Xiǎo Tiān hé gāo xiān sheng yì jiā zǒu a zǒu a, hái shì méi kàn jiàn Guǒ Guo. zhè shí, gāo xiān sheng de diàn huà tū rán xiǎng le!

电话里的人说："喂，是高先生吗？"

diàn huà lǐ de rén shuō: "wèi, shì gāo xiān sheng ma?"

高先生说："我是。"

gāo xiān sheng shuō: "wǒ shì."

电话里的人说："太好了，我是警察。你儿子果果在派出所。他在找你们。你们快过来！"

diàn huà lǐ de rén shuō: "tài hǎo le, wǒ shì jǐng chá. nǐ ér zi Guǒ Guo zài pài chū suǒ. tā zài zhǎo nǐ men. nǐ men kuài guò lái!"

高先生一家走进派出所，看见果果在吃苹果，喝热茶。他们很高兴，果果看见爸爸妈妈，也很高兴。姐姐说："果果回来了！"

gāo xiān sheng yì jiā zǒu jìn pài chū suǒ, kàn jiàn Guǒ Guo zài chī píng guǒ, hē rè chá. tā men hěn gāo xìng, Guǒ Guo kàn jiàn bà ba mā mā, yě hěn gāo xìng. jiě jie shuō: "Guǒ Guo huí lái le!"

Story in English

Guo Guo walked back to the shops that he visited just now, but his father and mother were not there. As he walked, he shouted, "Dad, where are you? Mom, where are you?"

As Guo Guo kept walking, he wanted to drink water. However, he had no money and could not buy water. He wanted to eat, but he had no money so could not buy anything to eat.

At this time, Zhong Xiao Tian and Mr Gao's family were searching for Guo Guo. They walked into the shops and asked, "Did you see an American child?"

The people in the shops said, "No."

Zhong Xiao Tian said, "We are looking for an American child. If you see one, please call me."

The people in the shops said, "Alright!"

Guo Guo walked for an hour and thirty minutes, and still did not see his father and mother. Then, he saw a police station in front.

Guo Guo walked into the police station. He said to the policeman in Chinese, "Hello!"

The policeman in the police station said, "Hello, young man! You can speak Chinese? Excellent!"

However, Guo Guo do not know how to speak Chinese. He only knows how to say "hello" using Chinese. He used English to speak to the policeman, "Can you speak English?"

The policeman used English and said, "I can speak a little English."

Guo Guo said happily, "My father and mother are missing! They were still walking behind me just now. However, after I walked into a shop, they suddenly were no longer behind me. My father and mother had disappeared!"

The policeman said: "Young man, where are you from? Do you have your father's phone number? I can give him a call."

Zhong Xiao Tian and Mr Gao's family walked and walked. However, they still did not see Guo Guo. Then, Mr Gao's phone suddenly rang!

The person in the phone said, "Hello, are you Mr Gao?"

Mr Gao said, "I am."

The person in the phone said, "Excellent, I am a policeman. Your son, Guo Guo, is at the police station. He is looking for all of you. Come over quickly!"

Mr Gao and his family walked into the police station. They saw Guo Guo eating an apple and drinking hot tea. They were very happy. Guo guo was also very happy to see his father and mother. Guo Guo's sister said, "Guo Guo is back!"

Conclusion

Congratulations for completing this book. You have taken another step forward towards becoming a fluent Chinese speaker.

Continue reading. Gradually what you read will find their way into your conversations.

Connect with us for tips and interesting posts you can use to stay motivated in learning Chinese, and to stay informed about our latest books.

Website:
https://chineseteacher.live
Facebook:
https://www.facebook.com/ChineseLanguageTeacher
LinkedIn:
https://www.linkedin.com/company/chineseteacher
Instagram:
https://www.instagram.com/chinese.teacher

I look forward to seeing you and helping you improve your Chinese in my next book.

Printed in Great Britain
by Amazon